ACHILLE

A

SCYROS,

COMEDIE HEROÏQUE

EN TROIS ACTES, en Vers.

PAR M. GUYOT DE MERVILLE,

Repréſentée pour la premiere fois par les
Comédiens François le 10. Octobre
1737.

Le prix eſt de vingt-quatre ſols.

A PARIS,

Chez CHAUBERT, Quay des Auguſtins à la
Renommée, & à la Prudence.

M. DCC. XXXVIII.

Avec Approbation & Privilége du Roi.

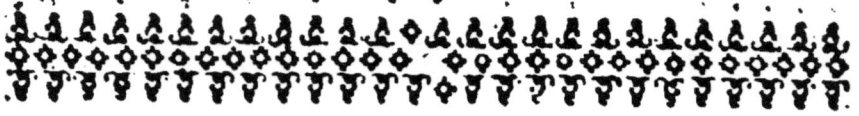

LETTRE

A MONSIEUR

DE SERÉ,

CONSEILLER HONORAIRE AU PARLEMENT.

MONSIEUR,

L'interêt que vous avez bien voulu prendre à ma Tragi-comédie d'*Achille à Scyros*, l'honneur qu'elle a d'être née sous vos auspices & dans votre aimable Retraite, & l'obligation que je vous ai des avis qui l'ont mise en état de ne pas déplaire, tout m'engage à vous faire part de la maniere dont elle a été reçüe, des jugemens qu'on en a portés, & des réflexions que j'ai faites à cette occasion.

Le travestissement d'Achille, c'est-à-dire ,d'un Héros en femme, que nous avions regardé comme le point critique de l'Ouvrage , a été pris aussi favorablement que l'âge , la figure , & le talent d'un jeune Acteur emploïé pour cette fiction a pu le permettre. Mais un faux préjugé , qui fait envisager les Princes & les Rois de théatre comme des personnages toujours enchaînés par leur gravité , a indisposé la plûpart des spectateurs contre la liberté qu'Ulysse & Lycomede ont prise de les faire rire, quoique ce fût avec noblesse , & sans déroger à la dignité du caractere héroïque. La grandeur d'ame de Lycomede, la passion touchante de

ā

Deïdamie, l'humeur guerriere & emportée d'Achille ; les sentimens pathétiques d'Ulysse, & même la versification héroïque, ont beaucoup plus frapé que les ruses politiques de cet Ambassadeur des Grecs, & que la situation quelquefois comique du fils de Thétis. On a voulu absolument que ce fût une Tragédie, & dans cette idée on a condamné des choses plaisantes, qui sont de l'essence de cet Ouvrage, & qu'il n'étoit pas possible de suprimer. C'est une vérité qui paroît surtout à cet endroit du second Acte, dans la Scene des Statuës, où Ulysse, qui cherche à découvrir Achille, par l'impression que peuvent faire sur ce Heros déguisé les transports qu'il sent, ou qu'il feint de sentir lui-même, à la vûë des travaux d'Hercule, dit à son confident,

> Tu vois comme elle écoute avec attention.

Ce vers fait & doit faire rire, & cependant Ulysse ne sçauroit dire autre chose.

Lorsqu'Achille, dans le même Acte, sort de la Scene, plûtôt que de joüer de la lyre, Lycomede témoin d'un procédé si fier, & qui déja a dû remarquer l'humeur imperieuse de la fausse Eucharis, n'en peut non plus marquer autrement sa surprise que par ces paroles,

> . . . . Cette fille est altiere.

Il en est de même de ce morceau du premier Acte, où sur les questions hautaines d'Eucharis au sujet de Théagene, Ulysse qui veut apaiser une fille, qu'il voit irritée, lui dit d'un air flateur & digne de lui,

> . . . . . - Hé quoi, Beauté charmante,
> Quel est sur cet époux le soin qui vous tourmente ?

Ces deux endroits font rire comme le premier. Mais si l'on y prend garde, ce n'est ni l'expression, ni le ton, qui produisent cet effet ; c'est uniquement le contraste plaisant que la situation porte avec soi ; situation à laquelle encore une fois on n'a pas fait une attention suffisante.

Vous favez, Monfieur, qu'après quelques réflexions fur le caractere de mon Poëme, nous l'avons d'abord nommé *Comédie heroïque*; & fi dans le cours des répréfentations, je lui ai donné le titre de *Tragi-Comedie*, c'eft parce qu'en effet le tragique y dominant fur le Comique, ce terme me parut alors plus propre à en donner une jufte idée. Mais au fond c'eft la même chofe, & rien ne m'empêche de me rendre, comme je le fais, à la préférence que vous avez donnée au premier titre.

Il eft vrai que M. Dacier, dans fes notes fur la *Poëtique d'Ariftote*, Chap. V. paroît contraire à ce fentiment, lorfqu'il dit, en parlant de la Comédie : » La majefté » des Rois ne convient nullement à ce Poëme, *à moins* » *que l'on n'y trouve ce que la Comédie doit chercher.* L'ex- » pédient dont M. Corneille s'eft avifé pour diftinguer » les Comédies, ou l'on introduit *férieufement* ces grands » perfonnages, d'avec les Comédies ordinaires, qui eft » d'ajouter une épithete qui en marque la qualité, & de » les apeller des *Comédies heroïques*, n'eft pas fort bon. » S'il pouvoit y avoir dans la nature des Comédies hé- » roïques, il pouroit y avoir auffi des Epopées comi- » ques ; ce qui eft monftrueux. « Mais il eft aifé de voir par le correctif employé au commencement de ce paffage, dans quel fens M. Dacier condamne la Comédie heroïque. Autrement il renverferoit le fyftême d'Ariftote, & tomberoit en contradiction avec lui-même, & c'eft ce que je vais examiner.

Mon fujet n'exige point que je donne ici une défini- tion exacte & complette de la Tragédie & de la Comé- die. Et pour parler d'abord de la Tragédie, il me fuffira de remarquer, que fuivant les Maîtres de l'Art, ce Poë- me peut être doublement tragique, ou héroïque, fçavoir par la qualité des perfonnes, & par la nature du fujet ; de façon que les plus belles Tragédies font celles, où la grandeur de l'action répond à la dignité des Acteurs, comme dans l'*Iphigenie* & l'*Athalie* de Racine. Mais fi cette derniere partie lui eft toujours effencielle, il n'en est pas de même de l'autre ; & c'est ainsi que M. Dacier en a jugé lui-même, sur ces paroles d'Aristote au Chap. V. *L'Epopée a cela de commun avec la Tragédie, qu'elle est une imitation des actions des plus grands personnages.* » Il n'est pas nécessaire, dit-il, que l'action soit illus- » tre & importante par elle-même, puisqu'au contraire » elle peut être simple & commune ; mais il faut qu'elle » le soit par la qualité des personnages qu'on fait agir. « Telle est entr'autres piéces de cette espece la *Berenice* de Racine, qui n'est tragique que par la dignité des Acteurs.

La difference qu'il y a à cet égard entre la Tragédie & la Comédie, qui peut aussi être doublement comique, & qui l'est presque toujours, c'est que ce sont les Acteurs qui caractérisent la premiere, & que la seconde est ca- racterisée par l'action, dont l'objet, savoir le plaisant & le ridicule, s'étend à toutes sortes de personnes. Or si l'on éleve le sujet de la Comédie, jusqu'aux personna- ges tragiques, ou si l'on abbaisse les personnages tra- giques jusqu'au sujet de la Comédie, on fait un troisiéme genre de Poësie dramatique, qui tient de la Comédie & de la Tragédie, & que par conséquent on doit nommer, ou *Comédie héroïque*, ou *Tragi-comédie*.

Ce Poëme, fondé sur la nature & sur la raison, est en- core justifié par l'expérience du mélange de la Tragédie & de la Comédie, inventées par les Grecs. C'est aussi chez eux que nâquit la *Tragédie satyrique*, ainsi nom- mée, dit l'Abbé d'Aubignac * parce que » les Sa- » tyres principalement furent mêlés aux Héros & » aux personnes illustres, représentant tous ensem- » ble des incidens graves & sérieux, avec des boufon-

---

* L'Abbé d'Aubignac se trompe. Les Romains grands imitateurs des Grecs, ont aussi pris chez eux le modele des Piéces satyriques. Un passage de Diomede est formel là-dessus. » Il y a, dit ce Gram- » mairien, une troisiéme espéce de Comédies Romaines, qui ont » été apellées *Atellanes*, du mot *Atella*, Ville de la Toscane, où » elles ont commencé, & qui par leur sujet, & leurs plaisanteries, » sont entierement semblables aux Piéces Satyriques des Grecs. Voy. Dacier sur l'Art Poëtique d'Horace.

» neries & autres actions ridicules. La Tragédie satyri-
» que, qui ne fut point reçuë des Latins, ajoute-t'il,
» fut en grande estime parmi les Grecs, d'autant qu'aux
» fêtes de Bacchus les Poëtes disputoient l'honneur &
» le prix de leur Art par la composition de ce Poëme.
» Nous en trouvons plusieurs allégués par Athenée,
» Platon, Plutarque & Suidas. Nous en voyons même
» des fragmens de plusieurs, mais nulle Piéce entiere
» que le oliph..e d'Euripide. Ces Tragédies, dit M.
» Dacier sur Aristote, Chap. iv. succederent à la véri-
» table Tragédie. Et le stile de ces piéces n'étoit nulle-
» ment burlesque, mais moitié serieux & moitié plai-
» sant : c'étoit un mêlange agréable du tragique & du
» comique. « Ces Tragédies satyriques étoient donc
de véritables Tragi-comédies.

Ce mêlange, au reste, se fait en deux façons, & ceci
demande une attention serieuse. Premierement, il est
permis, comme on vient de le voir, de mêler les personnages tragiques, ou heroïques, avec les personnages
comiques, ainsi que Moliere l'a fait, mieux que Plaute,
dans l'*Amphytrion*, qui est une vraie Tragi-comédie.
Mais il faut bien prendre garde de ne pas confondre les
larmes & le sang avec des boufonneries à peine dignes
de la Foire ; * ce qui forme un monstre pareil à celui
qu'Horace condamne à si juste titre. En second lieu, on
est en droit, comme je l'ai fait dans mon *Achille*, de
placer des personnages heroïques dans une situation comique, & où ils puissent faire rire. Mais il faut que ce
soit sans sortir de leur dignité. ** Car si on leur prêtoit

* *Sylvis deducti caveant, me judice, Fauni,*
Ne velut innati triviis, ac pene forenses,
Aut nimium teneris juvenentur versibus unquam,
Aut immunda crepent ignominiosaque dicta.

Hor. Art. Poët.

** *Ne quicunque Deus, quicunque adhibebitur heros*
Regali conspectus in auro nuper & ostro,
Migret in obscuras humili sermone tabernas.

Id. ib.

les mœurs & les actions du peuple, comme Aristophane ne l'a hasardé que trop souvent, on feroit un ouvrage encore plus monstrueux que l'autre, parce que l'on tireroit alors les Héros de leur caractere véritable, de même qu'on fait fortir du sien tout personnage populaire, à qui l'on donne les passions & les sentimens des Héros. C'est dans ce sens que la Tragédie ne peut jamais devenir Comédie, ni la Comédie Tragédie, & ceci peut servir d'explication à ce que j'en ai dit à la tête de mes *Mascarades amoureuses*. C'est aussi dans ce sens, que suivant le sentiment de M. Dacier, il ne sauroit y avoir d'Epopées comiques, car d'une autre façon il peut fort bien y en avoir, & il y en a même ; l'Epopée ayant un si grand rapport avec le Poëme dramatique, qu'elle se divise comme lui, en cinq genres relatifs à la Tragedie, à la Tragi-comédie ou Comédie heroïque, à la Comédie, à la Farce & à la Parodie : ce qu'il me feroit fort aisé de prouver.

J'espere, Monsieur, que vous me pardonnerez cette Dissertation en faveur de l'Ouvrage de M. l'Abbé Metastasio, que je défends plûtôt que le mien. * On n'a point attaqué ma Poësie, que je sache, & je n'ai gueres prêté que cet ornement au canevas qu'il m'a fourni, si ce n'est que j'ai taché d'en ôter, ou d'y corriger quelques défauts, en l'accommodant à notre Théatre, qui demande plus de régularité que la Scene Lyrique, & surtout la Scene Lyrique Italienne. Vous avez vû dans la Préface de la Traduction Françoise ceux que le Traducteur y reproche à l'Auteur. Outre que j'ai lié les Scenes mieux qu'elles ne l'étoient, j'ai fait ensorte qu'aucun Acteur n'entrât, ni ne sortît sans raison ; car quoique cette regle soit négligée par quelques-uns de nos Auteurs, même les plus accrédités, cela n'empêche pas

---

* Ce chef-d'œuvre de Poësie Italienne traduit avec autant de fidelité que d'élégance par M. l'Abbé Desfontaines, se trouve en Italien & en François chez Chaubert, Quay des Augustins.

qu'elle ne foit une des plus effentielles du Théatre ; &
vous n'aurez pas oublié, Monfieur, que la conduite de
la Scene V. du fecond Acte m'a donné une peine infinie,
malgré toutes les lumieres dont vous m'avez éclairé.
C'eft la fin de la Scene VII. dans l'original. Il falloit
abfolument qu'Ulyffe & Achille reftaffent fur le Théatre, afin que le ftratagême du combat eût le fuccès pour
lequel il étoit préparé, & en même-tems il falloit en
faire fortir Lycomede & Deidamie, en préfence def-
quels cette action ne pouvoit fe paffer. Mais fans parler
du défaut de bienféance dans un combat entre les Gardes d'Ulyffe & ceux de Lycoméde, ce dernier Roi & fa
fille fortoient avec peu de décence l'un l'épée à la main,
& l'autre faifie de frayeur, & de plus fans emmener
Achille, qu'elle ne devoit pas laiffer dans une fituation
fi propre à le faire reconnoître. Une autre difficulté,
dont M. l'Abbé Metaftafio ne s'eft pas embaraffé, c'eft
qu'Ulyffe reftoit fans apparence de raifon, puifque la
préfence de Lycomede lui impofoit pour devoir de faire
du moins femblant d'aller réprimer l'infolence de fes
foldats, qui violoient tous les droits de l'hofpitalité,
en attaquant ceux du Roi. J'ai levé tous ces obftacles,
en faifant retirer Achille un moment auparavant, pour
fe difpenfer de joüer de la Lyre ; en mettant Ulyffe
dans la néceffité de vouloir fortir, fous prétexte de
courir vers les combatans ; mais dans le fond pour aller
voir l'effet que ce tumulte guerrier produiroit fur Achille, & en donnant à Lycomede un motif très-plaufible
de généroſité pour des foldats qu'il eftime & dont il eft
eftimé ; de façon qu'en même-tems qu'il renvoye Deidamie, il empêche Ulyffe de fortir : ce qui redouble l'inquiétude & l'impatience de celui-ci, qui cependant eft prêt à quitter la Scene, lorfqu'Achille y rentre au bruit des armes. Cette forte d'adreffe, dans l'éco-
nomie d'un Poëme dramatique, eft ce qui coûte le plus,
& pourtant ce que l'on remarque le moins.

J'ai fuprimé le fouper, que j'ai cru ne pouvoir jamais

faire fortune fur notre Théatre, d'autant plus qu'il étoit accompagné de circonftances qui auroient trop avili mon Héros. Cependant comme M. le Franc fait cas de cet endroit de l'original, & que plufieurs autres perfonnes le trouvent auffi fort beau, je ne fçai fi je n'aurois pas pu l'ajufter à notre Théatre. * Mais le plus grand changement que j'aie fait dans cet Ouvrage, regarde le rôle de Théagéne, que j'en ai abfolument retranché, indépendamment de la mauvaife figure qu'il y faifoit; il m'a femblé que le caractere d'Achille ne comportoit pas la préfence d'un Rival, je n'aurois pu l'y admettre qu'en fuppofant qu'Achille n'étoit pas encore connu de Deidamie; ce qui demandoit cinq Actes. En ce cas Théagéne même auroit contribué à la réconnoiffance d'Achille; je fens parfaitement que cela auroit jetté plus d'intérêt dans la piéce, comme on me l'a fait remarquer. Mais je m'étois fixé au plan de M. l'Abbé Metaftafio, perfuadé que fes traits mâles & fublimes, dignes d'Homere, de Sophocle & d'Euripide, & qui m'avoient faifi comme bien d'autres, étoient préférables à toutes les langueurs efféminées & pueriles, dont le goût des Romans a malheureufement infecté notre fiécle.

Il ne me refte plus, Monfieur qu'à vous communiquer le *Compliment*, dont j'ai fait précéder ma Piéce à la premiere reprefentation, & qu'on m'a fait l'honneur de redemander dans quelques-unes des fuivantes. Je fouhaite que vous en foyez auffi content que le Parterre, à qui il étoit adreffé, a paru l'être. Le voici!

MESSIEURS,

» Malgré le préjugé favorable que doit faire naître
» une Piéce reprefentée à la Cour Imperiale dans une
» cérémonie augufte, & malgré l'impreffion avanta-

---

* V. la Lettre de M. le Franc dans les *Obfervations fur les Ecrits Modernes*, Lettre 224.

» geufe que la Traduction Françoife , imprimée de-
» puis peu , a faite fur des Connoiffeurs très-difficiles,
» celui qui va l'expofer à votre Critique éclairée , a
» néanmoins fenti qu'un pareil Ouvrage ne convenoit
» qu'à une faifon , que vous avez coutume de regar-
» der comme un tems d'indulgence. La nouveauté du
» fujet, la fingularité des fituations , la hardieffe des
» incidens , les habillemens même, & furtout la foi-
» bleffe du Poëte & des Acteurs , tout exige de vous ,
» Meffieurs , une bienveillance égale à nos befoins. Ce
» n'eft pas que lenouvel Auteur n'ait employé tout fon
» art pour reduire cette piéce aux bienféances , que la
» folidité de vos Leçons, l'étude de la belle Nature ont
» établies fur notre Théatre. Mais malgré tant de pré-
» cautions néceffaires, on eft encore obligé d'avoüer
» que l'on rifque toujours beaucoup à produire mê-
» me des beautés , lorfqu'elles ne font pas d'ufage. Et
» comme ces fortes de traits demandent plus d'examen
» pour être appretiés, nous vous fupplions, Meffieurs,
» de vouloir bien fufpendre votre jugement jufqu'à ce
» ce que l'action finie vous laiffe le loifir de le pronon-
» cer avec cette équité & cette jufteffe , qui fixent
» le goût public & notre deftinée particuliere.

J'ai l'honneur d'être avec le plus fincere & le plus
parfait dévoüement ,

MONSIEUR,

Votre très - humble & très-
obéiffant ferviteur, GUYOT
DE MERVILLE.

ACTEURS.

LYCOMEDE, Roi de Scyros, *M. de Fierville.*

DEIDAMIE, fille de Lycomede, *Mlle. Connelle.*

ACHILLE, amant de Deidamie, déguisée en fille sous le nom d'Eucharis. *M. Dubois.*

ULYSSE, Roi d'Ithaque, Ambassadeur des Grecs. *M. de Montmeni.*

NEARQUE, Gouverneur d'Achille. *M. de la Thorilliere.*

ARCADE, Confident d'Ulysse. *M. Dangeville.*

DORIS, Confidente de Deidamie. *Mlle. du Bocage.*

Gardes de Lycomede.

Suite d'Ulysse.

La Scene est dans le Palais du Roi.

ACHILLE

ACHILLE A SCYROS,
COMEDIE HEROÏQUE.

ACTE PREMIER,
SCENE PREMIERE.

Le Théatre est un Portique orné de Statuës representant
quelques travaux, & amours d'Hercule.
On voit la mer dans l'enfoncement.

DEIDAMIE, DORIS.

DEIDAMIE.

AIS-tu venir Nearque ?

DORIS.

Il vénoit de sortir,
Madame. De votre ordre on le doit avertir.

DEIDAMIE.

Achille à son couroux se livre-t'il encore ?

A

DORIS.

Dans son apartement , Madame , il le dévore.
Puisse ce feu jaloux s'y tenir renfermé.

DEIDAMIE.

Nearque va le voir , & l'orage est calmé,
Doris. Sur son esprit Nearque a plus d'empire,
Que n'en a sur son cœur la flame qu'il m'inspire.
Achille me dédaigne, & fuit mon entretien.

DORIS.

Hé que peut l'amitié, quand l'amour ne peut rien ?
Cessez de vous flater , & d'un péril extrême
Sauvez Achille , vous, & Nearque, & moi-même.
Notre état chaque jour me fait frémir d'effroi.
Dieux ! que penseroit-on , & que diroit le Roi,
S'il pénétroit qu'Achille au sein de sa famille
Est caché sous le nom & l'habit d'une fille ?
Prévenons ce malheur, qui va nous accabler.
Avant qu'on le découvre , osons le déceler.
S'il faut qu'à la vertu l'amour se sacrifie,
C'est en se trahissant que l'on se justifie.

DEIDAMIE.

Ah ! ne dois-tu pas voir , ainsi que je le voi ,
Que s'il est découvert , il est perdu pour moi ?
Bientôt les Grecs, flatés des prodiges de gloire
Que dans les champs Troïens lui promet la Victoire ,
Inonderoient Scyros , & viendroient l'arracher

De l'azile , où Thétis prit foin de le cacher.
Quels feroient les tourmens d'une mére affligée ?
Et dans quel defefpoir je me verrois plongée ?
Ma Doris , fi tu plains ta Maîtreffe & Thétis ,
Attends , pour éclater, que les Grecs foient partis.
Alors , de mon amour, qu'à préfent je dois taire ,
Mon pere par ma bouche aprendra le miftere.
Pourois-je redouter & mon pere & mon roi ,
Lorfque j'ai pour apui mon innocence & toi ?
Tu fçais comme à ma fuite Eucharis fut reçuë.
Quelle autre , comme moi , n'eût pas été déçuë ?
Et quel cœur foupçonneux fe feroit défié
D'un amour revêtu du nom de l'amitié ?
Surprife de l'ardeur qu'Achille avoit fait naître ,
Dès qu'il me fut connu , je te le fis connoître.
J'ai voulu que , témoin de tous nos entretiens ,
Tout , jufqu'à nos regards , fût éclairé des tiens ,
Et que , pour foutenir le rang où je fuis née ,
Ma vertu ne fût pas feulement foupçonnée.

DORIS.

J'entends du bruit. Lui-même il porte ici fes pas.

SCENE II.

ACHILLE en fille, DEIDAMIE, DORIS.

DEIDAMIE.

HE quoi, votre couroux ne fe diffipe pas ?

ACHILLE.

Quoi , j'aprends qu'en secret méditant ma ruine ,
Au Prince de Calcide un pere vous destine !
Et vous voulez qu'Achille , en vain saisi d'horreur ,
Dans un lâche silence éteigne sa fureur ?

DEIDAMIE.

Hé que prétend enfin votre aveugle colere ?
Voulez-vous réveler notre amour à mon pere ?
Est-ce contre un Rival qu'éclate ce transport ?
Théagene est absent.

ACHILLE.

S'il paroît , il est mort,

DEIDAMIE.

Il ne paroîtra point ; dissipez vos allarmes.
Mon pere accordera cette grace à mes larmes.
Et mon cœur même encor n'y borne point ses vœux,
Il faudra qu'il renonce à ces funestes nœuds.
C'est vous , qui le premier fites naître ma flame.
C'est vous , qui le dernier regnerez sur mon ame,
Seul vous aurez ma foi.

ACHILLE.

Que cet aveu m'est doux !
Ah , Princesse , comment m'acquiter envers vous ?
Quel prix . . . . .

DEIDAMIE.

Cachez-vous mieux : le moyen est facile,

ACHILLE.

Sous cet habillement qui connoîtroit Achille ?

DEIDAMIE.

Vaine précaution, si vos moindres discours,
Vos gestes, vos regards vous trahissent toujours.
Sans cesse à s'allumer votre colere est prompte.
L'habit que vous portez, excite votre honte.
Voyez-vous une lance, un casque, un bouclier;
Parle-t'on devant vous de quelque exploit guerrier;
Votre œil étincelant montre un courage extrême.
Eucharis disparoît, c'est Achille lui-même.

ACHILLE.

Puis-je de la Nature étouffer le pouvoir ?

DEIDAMIE.

Puis-je l'étouffer, moi, lorsqu'un juste devoir
M'ordonne d'accepter la main de Théagene ?

ACHILLE.

Il faut vous obéir. Une éternelle gêne
Doit à tout l'Univers cacher ce que je suis;
Et moi-même je vais m'oublier, si je puis.

DEIDAMIE.

Ces promesses déja me rendent plus tranquille.
On voit deux vaisseaux dans le lointain.

DORIS.

Madame, deux vaisseaux s'aprochent de cette isle.

DEIDAMIE.

O Ciel, que me dis-tu ?

ACHILLE.

Qu'eſt-ce que vous craignés ,
Madame ? Ces vaiſſeaux ſont encore éloignés.

DEIDAMIE.

Ah , fuyons.

ACHILLE.

Pourquoi fuir ?

DEIDAMIE.

Des Pirates ſauvages
Infeſtent tous les jours ces mers & nos rivages.
Oui, les filles des Rois & d'Argos , & de Tyr,
De leurs infames mains n'ont pu ſe garentir.
Vous ſçavez le malheur qu'à Sparte l'on déplore.
Tous les Grecs conſternés en frémiſſent encore ;
Et Ménelas , comme eux , par d'inutiles cris
Redemande une épouſe au perfide Paris.
Ils ne l'obtiendront point, s'ils ne fondent ſur Troïe.
Peut-être ces vaiſſeaux, armés pour quelque proïe. . . .
Grands Dieux ! A cet objet tous mes ſens ſont troublés.

ACHILLE.

Achille eſt avec vous, Princeſſe , & vous tremblés ſ

SCENE III.

ACHILLE, DEIDAMIE, NEARQUE, DORIS.

DEIDAMIE. *Bas.*

AH, Nearque, à ma voix venez joindre la vôtre.
Echapé d'un péril, il retombe en un autre.
Voyez fur quel objet il attache les yeux.
Il faut, fans différer, l'arracher de ces lieux.
Eucharis ?

ACHILLE.

Permettez qu'un moment je vous laiffe.

NEARQUE.

Vous demeurez !

ACHILLE.

Bientôt je fuivrai la Princeffe.
Je veux voir ces Vaiffeaux arriver dans le port.

DEIDAMIE.

Vous voulez que je parte, & fur ce trifte bord,
Lorfqu'un péril preffant menace votre tête,
Vous bravez l'efclavage, ou la mort toute prête.
Ah cruel !

ACHILLE.

Allons donc. Je ne puis vous trahir ;
Et le deftin d'Achille eft de vous obéir.

Deidamie & Doris fortent.

SCENE IV.

ACHILLE, NEARQUE.

ACHILLE, s'arrêtant & regardant un Vaisseau.

L'Olive, que je vois fur la prouë élevée,
D'alliés, ou d'amis annonce l'arrivée.

NEARQUE.

Venez.

ACHILLE.

De ce Guerrier remarquez la fierté,
Et cet air & ce port remplis de majefté.

NEARQUE.

Il ne vous convient pas d'attendre fa venuë.
Votre habit vous oblige à plus de retenuë.
Que diroit-on de vous ? Retournez à la Cour.

ACHILLE.

Vous paffez pour celui qui m'a donné le jour.
Peut-il fembler étrange à l'œil le plus févere,
Qu'une fille en ces lieux accompagne fon pere?

NEARQUE.

Mais vous ne fongez pas qu'en ce fatal inftant
Deidamie en pleurs peut-être vous attend.

ACHILLE.

Partons. Je fais contre elle un effort inutile.

NEARQUE.

NEARQUE *à part.*

Ah, que l'on a de peine à cacher un Achille !

ACHILLE, *confiderant le Guerrier qui eft*
fur le vaiffeau.

Si j'avois, dans l'ardeur dont je fuis tranfporté,
Ce cafque fur mon front, ce fer à mon côté.....
Nearque, cet habit me fatigue & me gêne.
C'eft porter trop long-tems une honteufe chaîne.
Rompons les vils liens du joug où je languis.
Allons.

NEARQUE.

Où donc ?

ACHILLE.

Allons dépouiller ces habits.
Voulez-vous qu'à Scyros l'amour & la molleffe
Dans l'ombre & dans l'oubli confument ma jeuneffe ;
Et que mon nom, mon fang, mon courage déçus
Faffent rougir les Dieux, dont je les ai reçûs ?
O coupable mépris d'une faveur fi chere !
O funefte pitié d'une crédule mere,
Qui préfere en dépit & des Dieux & du Sort,
Ma vie à mon honneur, & ma honte à ma mort !

Le vaiffeau difparoît.

NEARQUE.

Quoi, Seigneur.....

ACHILLE.

Taifez-vous. De vos confeils timides
Je n'ai que trop fuivi les lumieres perfides.
Et ce n'eft pas ainfi qu'aux champs Theffaliens

B

Mon Gouverneur régloit ſes travaux & les miens;
Alors (qu'eſt devenu ce tems digne d'Achille ?)
La courſe me rendoit plus fort & plus agile.
Des fleuves écumans j'affrontois le couroux.
Les monſtres des forêts expiroient ſous mes coups.
Maintenant, juſtes Dieux ! que ma conduite outrage ;
Quel ſeroit de Chiron l'aſpect & le langage,
S'il me voyoit paré de ces honteux atours ?
Pourrois-je ſoutenir ſa vûë & ſes diſcours ?
Il me ſemble l'entendre , & voir couler ſes larmes;
Il me diroit, c'eſt-vous, Achille ! Où ſont vos armes ?
Ne vous reſte-t'il plus de mes ſoins , de vos mœurs ,
Qu'une lyre , & des chants qui corrompent les cœurs ?

NEARQUE.

Il ſuffit ; je me tais ; & loin que je vous blame ,
Je ſuis prêt à ſervir l'ardeur qui vous enflame.

ACHILLE.

Nearque , fais-moi voir ta franchiſe & ta foi :
L'Amour & le repos ſont-ils dignes de moi ?

NEARQUE.

Non , ſans doute. Il eſt tems que votre ame éclairée
Echape au long ſommeil qui l'a déshonorée ,
Et que de votre bras les invincibles coups
Tiennent à l'Univers ce qu'il attend de vous.
Peut-être la douleur, frapant Deidamie ,
Au milieu des tourmens terminera ſa vie.
Mais qu'importe ? Oubliez ſon amour & Scyros.

Une femme doit-elle arrêter un Héros ?
Ses jours ne peuvent pas balancer votre gloire,
Et sa mort pour Achille est même une victoire,

ACHILLE.

Deidamie ? helas !... Tu crois que de ses jours,
Nearque, mon départ abregeroit le cours ?

NEARQUE.

Vous sçavez jusqu'où va l'excès de sa tendresse.
Vous connoissez son trouble, & l'ennui qui la presse,
Lorsque le moindre instant vous dérobe à ses yeux.

ACHILLE.

Hé bien ?

NEARQUE.

Survivroit-elle à d'éternels adieux ?

ACHILLE.

Le tems, dont tous les cœurs éprouvent la puissance,
Soulagera le sien du poids de mon absence.

NEARQUE.

En effet il n'est point d'éternelles douleurs ;
Et votre heureux Rival pourra sécher ses pleurs.

ACHILLE.

Arrête. Que dis-tu ? Mon Rival ! Théagene ?
Ah ! je sens revenir mon amour & ma haine.
De l'objet que j'adore un insolent vainqueur
Oseroit me ravir & sa main & son cœur ?

B ij

D'un autre que d'Achille ils seroient le partage ?...
Que vois-je ? Ces Vaisseaux ont quitté le rivage ,
Nearque.

NEARQUE.

Dans le Port sans doute ils sont entrés.

ACHILLE.

Quel soupçon vient saisir mes esprits égarés !
Ce Guerrier que j'ai vû seroit-il Théagene ?
Au devant de ses pas la vengeance m'entraîne.
Et j'y cours.

NEARQUE.

Arrêtez. O ciel, dans quelle erreur
Alloit vous engager une aveugle fureur !
Vous cherchez Théagene. Il faut donc vous instruire
D'un contretems fatal, que j'ai craint de vous dire.
Mais de votre couroux réprimez donc l'essor.

ACHILLE.

Tous ces retardemens le redoublent encor.

NEARQUE.

Théagene à la Cour vient , dit-on, de se rendre.

ACHILLE.

Qu'entends-je ! Et vous tardez, cruel, à me l'apprendre !
Mon Rival en ces lieux !

NEARQUE.

Peut-être en ce moment
Il profite , Seigneur ,de votre éloignement.

ACHILLE.

Va, va, bientôt déchu de sa gloire fragile,
Il sçaura ce que c'est que d'offenser Achille.

Il sort.

SCENE V.

NEARQUE.

ENfin, à la faveur de ce mensonge heureux,
J'ai sçu le retirer d'un piège dangereux.
Il ne trouvera point Théagene, & sa flame
Quelque tems à son tour va captiver son ame.
Toi, qui commis ton fils à ma fidelité,
Thétis, de quel espoir ton cœur est-il flaté ?
Et de quel œil vois-tu ce torrent, qui s'aprête
A briser malgré moi la digue qui l'arrête.
En vain dans un Palais par le luxe amoli
Tu tiens avec son nom son sexe enseveli ;
En vain Deidamie, achevant ton ouvrage,
Des chaînes de l'Amour accable son courage :
Si dans son sein les Dieux, dédaignant ta douleur,
A l'amour de la gloire ont uni la valeur ;
Si dans les champs de Troïe à son bras asservie
Leurs décrets ont marqué le terme de sa vie,
Déesse, nos efforts & tes soins maternels
Détruiront-ils des Dieux les ordres éternels ?
Mais que dis-je, des Dieux ? Tel est l'arrêt suprême
De cet Etré que craint & sert Jupiter même.

Hé que feroit-ce, helas ! s'il étoit informé,
Que pour perdre Ilion le Deftin l'a nommé,
Et que déja des Grecs armés par lavengeance
Les Chefs à haute voix demandent fa préfence ?
Plaife aux Dieux, fi pour lui ma voix peut les toucher,
Qu'aucun Grec à Scyros ne le vienne chercher ;
Où, s'il faut que du Ciel l'oracle s'accompliffe. . . .

SCENE VI.

ULYSSE, NEARQUE, ARCADE.

NEARQUE.

MAis voici ce Guerrier. . . . Jufte ciel ! c'eft Ulyffe.
Quel important deffein le conduit en ces lieux ?
Il me connoît : comment échaper à fes yeux ?
Mais depuis qu'il me vit à la cour de Pelée,
La moitié de fa vie au moins s'eft écoulée,
Et de fon fouvenir l'âge a dû m'effacer.
Etranger, nommez-vous, avant que d'avancer.
Tel eft l'ordre du Roi, qu'il faut que je rempliffe.

ULYSSE.

On doit être foumis aux Loix ; je fuis Ulyffe.

NEARQUE.

Vous Ulyffe ! Ah, Seigneur, daignez me pardonner
L'excès du zele ardent qui vient de m'entraîner.
Mais de votre arrivée avec le même zele
Je cours à Lycomede aprendre la nouvelle.

ULYSSE.

Rien ne preſſe. Ecoutez. Vous ſervez donc le Roi ?

NEARQUE.

Ouï, Seigneur.

ULYSSE.

Votre nom ?

NEARQUE.

Nearque.

ULYSSE.

Dites-moi.

Où prîtes-vous naiſſance ?

NEARQUE.

Athénes m'a vû naître.

ULYSSE.

Quel ſort vous a donné Lycomede pour Maître ?
Quel deſſein ſur ces bords a pu vous tranſporter ?

NEARQUE.

Un aveugle hazard.... Mais c'eſt trop m'arrêter,
Seigneur. A mon devoir permettez que je cede,
Et que de vôtre abord j'informe Lycomede.

ULYSSE.

Allez donc , & bientôt moi-même je vous ſuis.

NEARQUE à part.

Je crains qu'il n'ait percé le deſordre où je ſuis.

SCENE VII.

ULYSSE, ARCADE.

ULYSSE.

ARcade, en nos projets le Ciel nous favorise.

ARCADE.

Quel espoir imprévu soutient votre entreprise,
Seigneur ?

ULYSSE.

As-tu pris garde à cet homme ? Sçais-tu
Qu'à la cour de Pelée autrefois je l'ai vû ?
Dans un récit trompeur sa frivole industrie
En vain m'a déguisé son nom & sa patrie.
Ses traits me sont connus, & malgré ses détours ;
Ses regards étonnés démentoient ses discours.
On ne nous a point fait un raport infidele.
Achille est à Scyros : ce palais le récele.
Achille desormais ne m'échapera pas.
Arcade, sui cet homme ; éclaire tous ses pas.
Sçache quelle fortune, ou quel devoir l'engage ;
Pourquoi, quand & comment il vint sur ce rivage ;
Quel sujet l'y retient, & si jusqu'aujourd'hui
Personne n'a commerce, ou ne vit avec lui.
Va ; ne néglige rien. Le plus léger indice,
S'il est peu pour un autre, est beaucoup pour Ulysse.

ARCADE.

ARCADE.

Je vais à vous servir employer tous mes soins.

ULYSSE.

Observe cependant que d'indiscrets témoins
Ne puissent soupçonner que nous cherchons Achille.

ARCADE.

Pour quiconque vous sert l'avis est inutile.

SCENE VIII.

ACHILLE, ULYSSE.

ACHILLE, à part.

On m'a trompé. Sachons si je me trompe aussi,

ULYSSE, à part.

Que cherche cette fille , & qui l'amene ici ?

ACHILLE.

Depuis qu'en cette cour , Seigneur , chacun publie
Qu'on doit à Théagene unir Deidamie ,
On prétend que ce Prince a paru parmi nous.
On dit qu'il est ici. Je le cherche. Est-ce vous ?

ULYSSE, à part.

Quelle hauteur !

ACHILLE.

Parlez.

C

ULYSSE.

Hé quoi, Beauté charmante,
Quel est sur cet époux le soin qui vous tourmente ?

ACHILLE.

Ne vous informez point de mes intentions,
J'attends une réponse, & non des questions.

ULYSSE.

Non, je ne le suis point. Le Prince de Calcide
Avec toute la Grece est déja dans l'Aulide.

ACHILLE.

Hé que font tous les Grecs en Aulide assemblés ?

ULYSSE.

Par l'amour de la gloire ils y sont appellés ;
Et brulant de punir un ravisseur infame,
Ils vont porter à Troïe & le fer & la flame.

ACHILLE, à part.

Heureux Guerriers ! (haut) Mais vous, ne les suivez-vous
[pas ?

ULYSSE.

Je viens chercher ici des vaisseaux, des soldats.
Puissent-ils être prêts ; je repars tout à l'heure.

ACHILLE, à part.

Et dans l'inaction Achille seul demeure !

SCENE IX.

ACHILLE, ULYSSE, DEIDAMIE, DORIS.

DEIDAMIE. *Bas à Doris.*

TU vois comme l'ingrat cultive mes bontés.

ULYSSE, *à part.*

D'où vient qu'à ce récit ses sens sont agités ?

DEIDAMIE.

Par quel égarement à vos devoirs contraire,
Osez-vous, Eucharis, à mes yeux vous souſtraire ?

ACHILLE.

Pardonnez-moi, Princeſſe, un deſir curieux.
Vous voyez un Heros, que conduit en ces lieux
L'honneur de Ménelas & de la Grece entiere.

DEIDAMIE *à Ulyſſe.*

Que tardez-vous, Seigneur, à voir le roi mon pere?

ULYSSE.

Madame, auparavant j'attends le promt retour
D'un homme que je viens d'envoyer à la cour.
Heureux qu'en ce délai la fortune m'adreſſe
A la fille d'un roi que révere la Grece.
L'honneur d'enviſager tant d'attraits éclatans,
M'eſt un préſage ſûr du ſuccès que j'attends.
Non, je ne doute point que fidele à ſa gloire,

Lycoméde en nos mains n'affure la victoire ;
Et que fes fiers foldats , nous prêtant leur apui ,
Ne falfent fous fon nom ce qu'ils ont fait fous lui.

A C H I L L E.

Moi-même tous les jours je lis fur leur vifage
La honte du repos & la foif du carnage.

D E I D A M I E.

Eucharis !

A C H I L L E.

Je me tais. (*à part.*) O filence honteux !

U L Y S S E.

Jamais aucun exploit ne fut plus digne d'eux.
Il émeut tous les cœurs. L'enfance & la vieilleffe
Enviant le bonheur de l'ardente jeuneffe ,
Importunent les Dieux de leurs regrets amers.
Nos villes & nos champs femblent être deferts ,
Plus de mille vaiffeaux dont la flote eft formée ,
A peine fuffiront pour contenir l'armée.
L'Aulide en eft couverte, & gémit fous le poids
De tant de combatans , que commandent vingt rois.
Rien n'égale l'ardeur dont leur ame eft faifie ,
Et l'Europe en un mot va conquerir l'Afie.

A C H I L L E, *à part.*

Mon fort à chaque inftant me paroît plus affreux.

D E I D A M I E, *à part.*

Il fremit. L'entretien devient trop dangereux ;

Retirons-nous.... Je parts, & vais preſſer mon pere,
Seigneur, de vous entendre & de vous satisfaire;
Et rien n'arrêtera le cours de vos ſuccès,
Si le ciel avec lui ſeconde mes ſouhaits.
Eucharis, ſuivez-moi.

ACHILLE.

Ma Princeſſe, de grace......

DEIDAMIE.

Votre refus m'offenſe & ma bonté ſe laſſe.
Craignez que dans mon cœur la haine n'ait ſon tour.
Venez, vous dis-je.

ACHILLE.

Allons. (à part.) O pouvoir de l'amour?

SCENE X.
ULYSSE.

OU tout ſéduit ici mon eſprit trop facile,
Ou dans cette Eucharis je reconnois Achille.
Tel dans ſes jeunes ans fut Pelée autrefois.
Je m'en ſouviens; ce ſont & ſes yeux & ſa voix.
Mais ce n'eſt pas aſſez. Sur la ſimple aparence
Je ne ſçaurois fonder une entiere aſſurance.
Il faut encor.....

S C E N E   XI.

U L Y S S E , A R C A D E.

A R C A D E.

S Eigneur.....

U L Y S S E.

Cher Arcade, c'eſt toi.
Que m'apprendras-tu ? Dis.

A R C A D E.

Rien d'important.

U L Y S S E.

Hé quoi ?

A R C A D E.

Ce que j'ai pu ſavoir , Seigneur , c'eſt qu'en cette iſle
Depuis un an Néarque a choiſi ſon azile ;
Que ſa fille d'ailleurs aſſez pleine d'apas,
Accompagnoit alors ſa fortune & ſes pas ;
Et qu'elle eſt aujourd'hui près de Deidamie
Sa ſeule confidente & ſa plus tendre amie.

U L Y S S E.

Je ſuis de ce raport plus charmé que ſur pris.
Comment ſe nomme-t'elle ?

A R C A D E.

Eucharis.

U L Y S S E.

A R C A D E.

Son crédit de Néarque a surpaſſé l'attente.

U L Y S S E.

Et tu ne trouve pas la nouvelle importante ?

A R C A D E.

Je ne puis concevoir ce qu'Ulyſſe en attend.

U L Y S S E.

Nous faiſons des progrès, Arcade, à chaque inſtant.
Je t'inſtruirai de tout. Je dois , & le tems preſſe ,
Remplir auprès du Roi les ordres de la Grece.
Allons lui demander des vaiſſeaux , des ſoldats.
Je compte ſur ſon cœur plus que ſur ſes Etats.
Mais quoi qu'à mes deſirs promettent ſes largeſſes ,
Les vaiſſeaux , les ſoldats ſont les moindres richeſſes ;
Qu'en attendent les ſoins dont nous nous occupons,
Achille nous ſuivra ; c'eſt moi qui t'en réponds.

Fin du premier Acte.

ACTE SECOND,
SCENE PREMIERE.

LYCOMEDE, ULYSSE, NEARQUE, ARCADE,
Gardes, fuite d'Ulyſſe.

ULYSSE.

SEigneur, lorſque les Grecs, animés par la gloire,
S'aprêtent à punir l'action la plus noire,
Vous devez préſumer qu'ils comptent ſur un Roi,
Qui de l'auſtere honneur fait ſa ſuprême loi.
Vous avez vu comment des Princes de la Grece
Pour Helene autrefois éclata la tendreſſe.
Vous futes le témoin des terribles ſermens,
Dont ſon pere enchaîna cette foule d'amans ;
Qui garantirent tous l'himen qu'il alloit faire ;
Et ſi le ſort vouloit que quelque témeraire
Par un enlevement en troublât la douceur,
Jurerent de verſer le ſang du raviſſeur.
Faudra-t'il, qu'un Troïen, qu'un étranger joüiſſe
Des chers & triſtes fruits de notre ſacrifice,
Et que dans Ménelas, revétu de nos droits,
Paris oſe ternir l'honneur de tant de Rois ?
Mais que ſert d'atteſter le ſerment qui nous lie ;
Et d'un frivole amour la puiſſance abolie ?
Que d'une aveugle ardeur Ménelas trop épris
Combatte pour ſa femme & pourſuive Paris.

Mais

Mais nous, qu'uniquement la patrie intéreſſe,
Plus généreux que lui, combatons pour la Grece.
Verrons-nous nos voiſins, au ſein de nos Etats,
Commettre impunément d'infames attentats,
Et les lâches fureurs, que la molleſſe enfante,
Attaquer & flétrir la Grece triomphante ?
Non, non, de cette audace il faut trancher le cours.
La patrie offenſée exige vos ſecours.
Je viens les demander, ſûr qu'avec tout l'Empire
Pour l'intérêt commun Lycomede conſpire,
Dès qu'il a comme nous ſa gloire à ſoutenir,
Un outrage à laver, & le crime à punir.

LYCOMEDE.

Depuis que vous formez cette grande entrepriſe,
Je l'avoüerai, j'ai vu, Seigneur, avec ſurpriſe,
Que par mes longs travaux un Empire annobli
Sembloit mettre mon nom & ma gloire en oubli.
J'imputois cet affront au mépris de mon âge,
Qui m'ôte ma vigueur, ſans m'ôter mon courage ;
Et flaté des exploits, que mon bras a laiſſés,
Aux ſoldats que mes ſoins & ma voix ont dreſſés,
Je gémiſſois de voir leur force & leur jeuneſſe
Partager avec moi le poids de ma vieilleſſe.
Mais enfin grace au ciel, je reſpire aujourd'hui.
Il ne falloit pas moins, pour calmer mon ennui,
Et des Grecs négligens effacer l'injuſtice,
Que l'aſpect & les vœux d'un Heros tel qu'Ulyſſe.
Oui, Seigneur, vos deſirs ſecondent mes ſouhaits.

Mes foldats font à vous & mes vaiffeaux font prêts.

Que ne fuis-je en état , lorfque je vous les livre ,

Ou de les commander , ou du moins de les fuivre.

Heureux , dans les dangers où je m'irois offrir ,

De leur aprendre l'art de vaincre ou de mourir.

U L Y S S E.

O nobles fentimens , dignes de Lycomede ,

Du maître glorieux d'Ajax , de Diomede ,

Et de tant d'autres Rois , ou Princes , ou Heros ,

Qu'ont inftruits votre exemple & formés vos travaux.

Ah ! ne vous plaignez plus que l'âge vous envie

L'honneur de conquerir avec nous la Phrigie.

Votre nom nous fuivra , Seigneur , & parmi nous

Il vivra dans l'Afie , & combatra pour vous.

Ne fais-je pas combien la Grece vous honore ?

Du bruit de vos exploits tout retentit encore ;

Et vous nous offenfiez , lorfque vous avez craint

Qu'elle fe révoltât contre un devoir fi faint.

Mais les divers états , offerts fur mon paffage ,

Ont d'Ithaque en ces lieux ralenti mon voyage.

J'ai parcouru l'Egée , & j'amene d'Andros ,

Et des fauvages bords de Naxe & de Paros ,

D'intrépides foldats une troupe aguerrie ,

Qui fur leurs actions , leur valeur , leur patrie ,

(Si ma vuë & mes foins ne réprimoient leurs feux ,)

Les armes à la main difputeroient entre eux.

Afin que vous puiffiez les voir & les entendre ,

Déja de mes vaiffeaux je les ai fait defcendre ,

Et ſi proches d'un Roi, qu'ils viennent admirer,
Eux-mêmes à vos yeux brulent de ſe montrer.

LYCOMEDE.

Je les verrai, Seigneur. Mais mon devoir me preſſe
De répondre avant tout aux deſirs de la Grece.
Le tems eſt précieux, & je vais de ce pas
Faire de toutes parts aſſembler mes ſoldats,
Et ſuſpendant le cours de mes ſoins ordinaires,
Donner pour leur départ les ordres néceſſaires.

SCENE II.

ULYSSE, ARCADE.

ARCADE.

J'Ai préparé, Seigneur, comme vous l'ordonnez,
Tous les preſens qu'au Roi vous avez deſtinés;
Et pour remplir encor votre ſecrette attente,
J'ai joint à ces preſens une armure éclatante.
Nos Guerriers ſont inſtruits. Les ſoldats de Paros
Doivent ſur mon ſignal attaquer ceux d'Andros;
Et de ce combat feint l'adreſſe inimitable
Produira tout l'effet d'un combat veritable.
Mais où tend cet aprêt, que ſans être averti ?...

ULYSSE.

A découvrir Achille en ces lieux traveſti;
Doute-tu des tranſports de ſon ame agitée
A l'aſpect d'une armure à ſes yeux préſentée ?

Mais quand des combatans il entendra les cris,
Quel feu va tout à coup échauffer ses esprits !
Il n'est point de lumiere & de preuve plus sure
Que les signes tracés des mains de la nature.

ARCADE.

Peut-être vainement, Seigneur, vous flatez-vous ;
Et j'apréhende. . . .

ULYSSE.

Arrête. Eucharis vient à nous.

SCENE III.

ACHILLE, ULYSSE, ARCADE.

ACHILLE à part.

LE voilà ce Heros, ce brave & sage Ulysse,
Si ma Princesse, helas ! m'impose pour suplice
D'éviter son abord, de fuir son entretien,
Peut-elle s'offenser qu'un cœur tel que le mien
Au plaisir de le voir un moment s'abandonne.

ULYSSE bas à Arcade.

Elle s'arrête. Usons du tems qu'elle me donne.

(Il examine les Statues dont le portiq est orné)

Je ne puis en ces lieux me lasser d'admirer.
Que ces marbres sont beaux ! ils semblent respirer.
C'est Alcide écrasant le lion de Némée.
L'action pouvoit-elle être mieux exprimée ?
Quel feu, quelle noblesse & quelle passion !

bas à Arcade.

Tu vois comme elle écoute avec attention,

(Il se tourne d'un autre côté.)

L'art dans ce fier morceau se surpasse lui-même.
Hercule enleve Anthée, & par ce stratagême
Fait perdre à ce Geant, privé de son apui,
La vigueur que la terre entretenoit en lui.
Quel exemple éclatant ! Quel courage intrepide !
O Heros magnanime ! O que ne suis-je Alcide !
De l'oubli pour jamais son nom est préservé,

ACHILLE *à part.*

Un sort si glorieux ne m'est point reservé.

ULYSSE *bas à Arcade.*

Elle parle.

ARCADE, *bas.*

Il paroît, Seigneur, qu'elle se trouble.

ULYSSE, *regardant une autre Statuë.*

Mon admiration à chaque pas redouble.
Un spectacle nouveau se presente à mes yeux.
Je ne me trompe point. Que vois-je justes Dieux !
Sous des habits de fille Alcide aux pieds d'Omphale !
Affreux égarement ! Servitude fatale !
L'Ouvrier devoit-il profaner son ciseau
A nous représenter dans ce rare morceau,
Le monstrueux excès d'un amour déplorable ?

ACHILLE, *à part.*

De quelle honte, helas ! Ce reproche m'accable !
Est-il un trouble égal à celui que je sens ?

ULYSSE, *bas à Arcade.*

Vois-tu quelle fureur s'empare de ses sens ?

ACHILLE, *à part.*

Je meurs d'impatience , & c'est trop me contraindre
Je prétends lui parler.

ULYSSE, *bas à Arcade.*
Il n'est plus tems de feindre.
Il faut que je l'aborde.

ARCADE.

On entre , c'est le Roi.

ULYSSE.

Sans lui c'en étoit fait.

ACHILLE, *sortant.*
Tout s'arme contre moi.

ULYSSE, *bas à Arcade.*

Va chercher mes presens , & tache avec adresse
Qu'Eucharis en ces lieux rentre avec la Princesse.

SCENE IV.
LYCOMEDE, ULYSSE.

LYCOMEDE.

MEs ordres sont donnés , Seigneur , & mes soldats
Seront prêts dès ce jour à marcher sur vos pas.
Dieux , avec quelle ardeur & quels transports de joye

Leur cœur impatient vole aux rives de Troïe ;
Fatigués d'un repos, qui les eût confumés,
Il fembloit, à les voir tout à ccup ranimés,
Que dans la gloire offerte à leur ame ravie
Avec la liberté je leur rendois la vie.

ULYSSE.

Vous m'enchantez, Seigneur. Quels fuccès éclatans
Ne nous promettent pas de pareils combatans.
D'un fi puiffant fecours la flateufe affurance,
De nos Princes charmés va combler l'efperance ;
Et bientôt tous les Grecs aprendront par ma voix,
De quel zele eft ému le plus grand de leurs Rois.
Lorfque dans Ilion quelque raport fidele
Ira de leur départ annoncer la nouvelle,
Le fier Hector, déchu de fa vaine fureur,
Palira d'épouvante, & fremira d'horreur ;
Et Paris déteftant fa flame illégitime
Trouvera dans fon cœur la peine de fon crime.
Mais la Princeffe vient.

SCENE V.

LYCOMEDE, ACHILLE, *une lyre à la main*, ULYSSE, DEIDAMIE, Suite d'Ulyffe *aportant les prefens fur une table.*

LYCOMEDE.

Qu'eft-ce donc que je voi !

Sont ces étrangers ?

ULYSSE.

Seigneur, ils font à moi,
Seulement à vos pieds offrir, suivant l'usage,
ma reconnoissance un foible temoignage.
C'est le prix que je dois à l'hospitalité.

LYCOMEDE.

Vous pouffez à l'excès la générosité.

ACHILLE, *à part, apercevant des armes parmi les presens.*

Dieux, que vois-je !

ULYSSE, *à Lycomede.*

Acceptez ces gages de mon zéle.

LYCOMEDE.

Jamais Tyr n'a produit une pourpre plus belle.

DEIDAMIE.

Ces perles, ces rubis furpaffent à mes yeux
Tout ce que l'Orient a de plus précieux.

ACHILLE, *mettant fa lyre fur la table pour examiner les armes.*

Non, l'époux de Vénus, dans fes forges brulantes,
Ne fabriqua jamais des armes fi brillantes.

DEIDAMIE.

Eucharis, arrêtez. Où vous égarez-vous ?

Votre

Votre fexe fe doit à des objets plus doux.
Reprenez votre lyre, & pour charmer Ulyffe,
Qu'à fes fons votre voix en ce moment s'uniffe.

ACHILLE.

Madame....

DEIDAMIE.

Obéiffez.

ACHILLE, à part.

Quel plaifir fingulier
La cruelle toujours prend à m'humilier !
Mais non, fortons plûtôt.　　　(Il fort.)

SCENE VI.

LYCOMEDE, ULYSSE, DEIDAMIE,
fuite d'ULYSSE, ARCADE.

LYCOMEDE à Deidamie.

CEtte fille eft altiere.

DEIDAMIE.

Il eft vrai.

ULYSSE à part.

Que fa fuite & fa démarche eft fiere !
(On entend un grand bruit derriere le Théatre.)

DEIDAMIE.

Qu'entends-je !

DORIS.

Jufte ciel !

E

LYCOMEDE.

Quel est ce bruit affreux ?

ULYSSE *à part.*

Eucharis est sortie. O succès malheureux !
Comment faire ?

ARCADE *à Ulsse.*

Ah Seigneur, courez en diligence
Des Soldats de Paros arrêter l'insolence.

ULYSSE.

Qu'ont-ils donc fait ?

ARCADE.

Il vient sur leurs communs travaux
De naître une querelle entre eux & ceux d'Andros.
Ils sont aux mains.

ULYSSE *à Lycomede.*

Pardon. Je vais de ces rébelles
Reprimer & punir les fureurs criminelles.

LYCOMEDE.

Non, demeurez. J'y cours : De si braves soldats,
Seigneur, ne seront point punis dans mes états.
Il faut à mon aspect que ce tumulte cesse.
Laissez-m'en tout le soin. Et vous, rentrez, Princesse.

ULYSSE *à Arcade.*

Allons joindre Eucharis. Le tems est cher ; courons....
Mais attends ; quelqu'un vient. C'est elle, demeurons.

SCENE VII.

ACHILLE, ULYSSE, ARCADE.

ACHILLE, *sans les voir.*

QUel est l'étrange bruit dont ces lieux retentissent ?
 (*Le bruit recommence.*
Où suis-je ? sur mon front mes cheveux se hérissent.
Une sombre vapeur , un nuage odieux
S'écarte , se dissipe , & fuit loin de mes yeux.
Quel transport me saisit ? Quel rayon de lumiere
Allume dans mon ame une fureur guerriere ?
De la gloire en mon cœur j'entends les justes cris,
Combattons , combattons.

ULYSSE , *au fond du Theatre à Arcade.*

Vois-tu cette Eucharis ?

ACHILLE , *prenant la lyre.*

Mais.... O de mon amour apanage servile !
Une lyre , grands Dieux ! est l'armure d'Achille !
Non , un heureux destin , dont je subis la loi ,
M'offre la seule ici qui soit digne de moi.
Va, fui , vil instrument.

 (*Il jette la lyre à terre.*)
 De ton poids que j'abhorre.
Tu ne chargeras plus un bras qu'il deshonore.
 (*Il met le bouclier à son bras.*)
Puisse ce bouclier reparer cet affront.

(Il se met le casque sur la tête.)

Que ce casque brillant éclate sur mon front.

(Il prend l'épée & la tire.)

Que ce fer dans ma main desormais étincelle.
Ah ! je me reconnois à cette ardeur nouvelle.
Que ne puis-je, en l'état où le sort m'a remis,
Combattre en ce moment contre mille ennemis.
De quels coups ma valeur, à ma patrie utile.....

ULYSSE, *à Achille.*

Qui seroit ce Guerrier, s'il n'étoit pas Achille ?

ACHILLE.

Que dites-vous ? O ciel, Ulysse dans ces lieux !

ULYSSE.

O magnanime Achille ! O digne fils des Dieux,
Et de tant de Héros, dont vous suivez la trace,
Souffrez qu'avec transport Ulysse vous embrasse.
Il n'est plus tems, Seigneur, de vouloir m'échaper ;
Et vous ne pouvez plus démentir & tromper
Vos destins éclatans, que les Dieux vous révelent,
Ni l'espoir & les vœux des Grecs, qui vous apellent.
Le redoutable Hector doit tomber sous vos coups,
Le superbe Ilion doit expirer sous vous.
Telle est la haute gloire, & tels sont les miracles,
Qu'à la valeur d'Achille annoncent nos Oracles.
Justifiez le ciel. Cessez de resister
A l'éclat des honneurs où vous devez monter.
Donnez un libre cours à ce boüillant courage,

Que vous inspire un cœur peint sur votre visage.
N'en doutez point ; je vois vos frivoles efforts,
Pour cacher à mes yeux de si nobles transports.
Venez, je vous conduis au sein de la Victoire,
Et je vais vous ouvrir le chemin de la gloire.
Tout Ilion déja d'épouvante est glacé,
Au bruit de votre nom, qui vous a devancé,
Suivez-moi. Votre main que les Dieux ont choisie,
Est l'apui de l'Europe, & l'effroi de l'Asie.
Tous les Grecs sont armés, & vous attendent tous,
Pour partir, pour combattre & pour vaincre avec vous.

ACHILLE.

Oui, ne retàrdons plus cette illustre conquête.
Allons, conduisez-moi. . . . . . Mais, ciel !

ULYSSE.

Qui vous arrête ?

ACHILLE.

La Princesse.

ULYSSE.

L'amour !

ACHILLE.

Ah ! ce n'est pas le mien.
J'en triomphe aujourd'hui, Seigneur ; mais c'est le sien.
Ma fuite (à ce revers devoit-elle s'attendre ?)
Va donc être le prix de l'ardeur la plus tendre ?

ULYSSE.

Ce prix augmentera, Prince, à votre retour,
Comme votre départ accroîtra son amour,
Et vainqueur d'Ilion vous reviendrez fidéle,
Plus amoureux encore & bien plus digne d'elle.

ACHILLE.

Et cependant livrée aux plus vives douleurs,
Dans un gouffre d'ennuis, dans un torrent de pleurs,
Elle consumera sa vie infortunée,
Qui pour comble d'horreur à la fin terminée,
Me laissera couvert de l'oprobre odieux,
D'en avoir seul tranché le cours si précieux.

ULYSSE.

Quoi ! tandis que le bruit & le feu de la guerre
Troublent de toutes parts & ravagent la terre,
Vous pouriez demeurer enfermé dans Scyros,
Et sans honte languir dans un honteux repos !
Si votre ame, Seigneur, ne peut être attendrie
Par cet amour sacré qu'éxige la patrie,
S'il se peut, que rébelle aux volontés des Dieux,
Vous dédaigniez la gloire acquise à vos ayeux,
Du moins envisagez l'honneur de votre race,
Que de votre infamie aviliroit la trace.
Jusques sur nos neveux étendez vos regards,
Ils diront : Diomede, au milieu des hasards,
Dont ses vains ennemis furent toujours la proïe,
Furieux renversa les murailles de Troïe.

Dans des ruisseaux de sang Merion la plongea.

Par les mains de Teucer le feu la ravagea.

Vainqueur d'Hector, Ajax chez les morts fit descendre

Priam déja tombé d'un trône mis en cendre.

Et que faisoit Achille ? Achille humilié,

Sous des habits de fille, à des filles lié,

Loin de tant de Héros, sur un triste rivage,

Dormoit, enseveli dans un lâche esclavage.

Le bruit impetueux des armes, des combats,

Retentissoit par tout, & ne l'éveilloit pas.

Ah ! ne permettez pas qu'une vie indolente

Vous attire jamais cette injure sanglante,

Et qu'elle deshonore avec vous vos ayeux,

Vos descendans, les Grecs, la patrie & les Dieux.

ACHILLE.

Ah ciel ! . . . . Honteux liens, de mon foible courage,

Indignes ornemens, dont l'aspect seul m'outrage,

Habits qui méritiez si peu de me couvrir,

Comment jusqu'à present ai-je pu vous souffrir.

Venez, & qu'à vos yeux revêtu de ces armes,

Du fort, qui m'aveugloit, je chasse tous les charmes.

ULYSSE.

Allons, suivez-moi, Prince. (*à part.*) O succès glorieux !

S C E N E VIII.

ACHILLE, ULYSSE, NEARQUE, ARCADE.

N E A R Q U E.

EUcharis, quel eſt donc ce tranſport furieux ?

A C H I L L E.

Malheureux, que jamais, ſi mon honneur te touche,
Ce nom injurieux ne ſorte de ta bouche.
Prends garde que jamais de ma fatale erreur
Ta voix à mon eſprit ne rapelle l'horreur.

La ſuite d'Ulyſſe remporte la table.

N E A R Q U E.

Juſte ciel ! vous partez, Seigneur, & la Princeſſe.....

A C H I L L E.

Va, dis-lui. ...

N E A R Q U E.

Quoi, Seigneur ?

A C H I L L E.

Pour calmer ſa triſteſſe,
Dis-lui que je la plains autant & plus que moi ;
Dis-lui, qu'elle me garde & ſon cœur & ſa foi ;
Dis-lui, que je voudrois vivre & mourir pour elle ;
Que je pars amoureux, & reviendrai fidele.

SCENE

SCENE IX.

NEARQUE.

IL me quitte. Quel coup ! Dans quel abîme affreux
Me plonge en un moment le deſtin rigoureux !
S'il part , qu'oppoſerai-je aux fureurs de ſa mere ?
Qui me garantira des traits de ſa colere ?
Dieux , faut-il que mes ſoins , mon zele & votre apui ?
Ne ſervent en ce jour qu'à me perdre avec lui ?
Mais que vois-je !

SCENE X.

DEIDAMIE , NEARQUE.

DEIDAMIE.

Nearque , où trouverai-je Achille ?

NEARQUE.

O vaine impatience ! O tendreſſe inutile !

DEIDAMIE.

Nearque !

NEARQUE.

C'en eſt fait. Le Ciel eſt contre nous.
Il n'eſt plus de bonheur , ni d'Achille pour vous.
Il part.

DEIDAMIE.

Achille part ! Dieux ! Achille , qui m'aime

F

Pouroit.....Vous me trompez ; vous vous trompez vous-
[même.

NEARQUE.

Plût au ciel qu'il fût vrai. Mais j'en suis trop instruit.
Achille est découvert. Ulysse l'a séduit.
Il vous l'enleve.

DEIDAMIE.

Ulysse, impitoyable Ulysse,
Quelle aveugle fureur t'arme pour mon suplice ?
Quel génie infernal t'a conduit sur ce bord,
Pour troubler mon repos, & me donner la mort ?
Malheureuse, je sens que tout mon corps frissonne.
Achille me trahit ! Achille m'abandonne !
Mais tandis que livrée à mes premiers tourmens,
Mon desespoir s'exhale en vains gémissemens,
Peut-être en ce moment le perfide s'embarque.
Il faut le retenir. Allons, courons, Nearque.
Contre cet infidéle unissons nos efforts.
Favorisez mes vœux, secondez mes transports.
S'il part, si je ne puis l'arrêter davantage,
Du moins il me verra mourir sur le rivage.

Fin du second Acte.

❖❖❖❖❖❖❖❖❖❖❖❖❖❖❖❖❖❖❖❖❖❖❖❖❖❖

ACTE TROISIEME,
SCENE PREMIERE.

ACHILLE *en habit de Guerrier*, ULYSSE.

ULYSSE.

OUi, Prince, enfin mes yeux, trop long-tems démentis,
Reconnoiſſent Achille & le fils de Thétis.
Vous dégradiez en vous par une erreur extrême,
Le Héros, le Guerrier, le Prince, l'Homme même :
Mais dans l'heureux vainqueur des charmes de Scyros,
Je vois un Homme, un Prince, un Guerrier, un Héros.

ACHILLE.

Un ſi grand changement, Seigneur, eſt votre ouvrage.
Vous avez garanti ma vertu du naufrage.
Mes yeux étoient fermés. C'eſt par vous que je voi.
Vous me rendez au jour, à mon honneur, à moi.
Mais ainſi qu'un captif, dont une loi ſoudaine
Vient d'ouvrir la priſon & de briſer la chaine
Je doute encore, au point où je ſuis tranſporté,
Et de ma délivrance, & de ma liberté.
Les traits de la lumiere éblouiſſent ma vûë,
J'entends encor le bruit de ma chaine rompuë ;
Et de mes longs tourmens mon eſprit occupé
Gémit encor des maux dont je ſuis échapé.

F ij

ULYSSE.

Arcade ne vient point. Quel obstacle l'arrête ?

ACHILLE.

Sont-ce-là nos vaisseaux ?

ULYSSE.

　　　　　Oui, Prince on les aprête,
Et les troupes du Roi bientôt vont les monter.
Quelle gloire pour eux de pouvoir vous porter !
Non, le vaisseau d'Argos, conduisant en Colchide
Jason, accompagné de Lyncée & d'Alcide,
Et tant d'autres Guerriers, ou Rois, ou demi-Dieux,
Ne fut pas honoré d'un sort plus glorieux.

ACHILLE.

Que ces eaux, dont le bruit ici se fait entendre
Ne sont-elles les eaux du Xanthe, ou du Scamandre,
C'est-là, que m'illustrant par de nobles fureurs,
Je veux aux yeux des Grecs expier mes erreurs,
Et dans leurs cœurs remplis de l'éclat de ma gloire,
De mon ignominie effacer la mémoire.
C'est-là, que dans le sang des mourans & des morts
J'irai laver ma honte & perdre mes remords.

ULYSSE.

O transports ! ô regrets ! ô vœux dignes d'Achille !
La Grece, des Guerriers la patrie & l'azile.
Pouvoit-elle se voir enlever son Héros ?

Le ciel l'avoit-il fait pour habiter Scyros ?
O mere trop timide ! une infame molesse
Devoit-elle flétrir le fils d'une Déesse ?

SCENE II.

ACHILLE, ULYSSE, ARCADE.

ARCADE à *Ulysse.*

SEigneur, pour le départ j'ai les ordres du Roi.

ACHILLE.

Hé bien, qu'attendons-nous ? Partons.

ULYSSE.

Oui, suivez-moi.
Déja de mon vaisseau la voile est toute prête.
Ne perdons point de tems.

SCENE III.

ACHILLE, ULYSSE, DEIDAMIE,
ARCADE, DORIS.

DEIDAMIE.

ARrête, Achille, arrête.

ULYSSE.

Quel fatal contre-tems ! quel assaut dangereux !
Pour la gloire & l'amour le combat est affreux.

DEIDAMIE.

Il est donc vrai qu'Achille à partir se prépare !
Il me fuit & ce jour pour jamais nous sépare !
Des conseils seducteurs, étouffant sa pitié,
Me livrent tout à coup à son inimitié.
L'ardeur qu'il ressentoit, & l'amour qu'il fit naître,
N'en ont fait qu'un ingrat, qu'un parjure, qu'un traître.

ACHILLE.

Non ....

ULYSSE.

Vous êtes vaincu, si vous lui répondez.

ACHILLE.

Laissez-moi me deffendre.

ULYSSE.

O ciel ! vous vous perdez.

ACHILLE.

Non, ma Princesse, non (ma bouche vous le jure)
Je ne suis point un traître, un ingrat, un parjure.
Le Ciel, témoin du coup, dont mon cœur a fremi,
N'a point dans votre amant armé votre ennemi.
Il est vrai, je vous quitte. Une gloire implacable
Me fait de cette absence un devoir qui m'accable.
Tous les Grecs ont sur moi daigné tourner les yeux,
L'ordre de mon départ est dicté par les Dieux.
Comptez sur mon retour. Bientôt vainqueur de Troïe,
Plus digne encor de vous, plein d'amour & de joïe,

Je reviens à Scyros terminer vos ennuis.
Si mon honneur vous touche....

U L Y S S E.

Achille !

A C H I L L E.

Je vous fuis.
Si mon honneur vous touche & ma honte vous bleſſe,
Vous-même contre vous ſoutenez ma foibleſſe.
Dérobez à mes yeux vos funeſtes douleurs.
Sauvez-moi du péril de voir couler vos pleurs.
Aprouvez mon triomphe, achevez ma victoire.
Soyez le prix, la ſource & le but de ma gloire ;
Et m'ouvrant la carriere où je m'en vais courir,
Partagez les honneurs que je dois acquerir.

D E I D A M I E.

Hé bien cherchez la gloire où votre ame ſe livre.
Mon amour & mes vœux en tous lieux vont vous ſuivre.
Mais ſi vous exigez, ſi tel eſt mon devoir,
Que vivant pour vous ſeul, je vive ſans vous voir,
Afin qu'à cet arrêt ma raiſon s'accoutume,
Daignez de votre fuite adoucir l'amertume.
Puis-je en être informée & la voir à la fois.
Suſpendez de ce coup la vîteſſe & le poids.
Differez d'un ſeul jour un départ qui me tuë,
S'il faut que cet inſtant vous dérobe à ma vuë ;
Et quittons-nous du moins plus ſûrs après ce jour
Vous, Seigneur, de ma vie, & moi de votre amour.

ACHILLE, *à Ulyſſe.*

Seigneur. . . . .

ULYSSE.

Je vous entends. Vous êtes libre , Achille.
Mais pour moi , tout me force à ſortir de cette iſle.
Venez , ou je pars ſeul.

ACHILLE.

A quelle extrêmité
Me réduit ſa tendreſſe , & votre cruauté !

DÉIDAMIE.

Déterminez-vous , Prince. A quoi dois-je m'attendre ?

ACHILLE.

Je voudrois reſter ; mais . . . . vous venez de l'entendre.

ULYSSE.

Quel eſt votre deſſein ? Reſolvez-vous Seigneur.

ACHILLE.

Je voudrois partir ; mais . . . . vous voyez ſa douleur.

ULYSSE.

Il ſuffit. Puiſqu'enfin l'inſtance eſt inutile ,
Je vous quitte , & je vais de la valeur d'Achille
En Aulide informer nos Rois & nos Héros.

ACHILLE.

La valeur ſe perd-elle en un jour de repos ?

ULYSSE

ULYSSE.

Laiſſez-là la valeur & mettez bas ces armes.
Pour la jeune Eucharis elles n'ont point de charmes ;
Ce caſque, ni ce fer ne lui conviennent pas.
Un bouclier fatigue & charge trop ſon bras.
Allons puiſque l'amour eſt maître de ſon ame ;
Qu'il reprene ſa lyre & ſes habits de femme.

ACHILLE.

A moi de tels habits ! . . . Madame, c'eſt pour vous
Qu'il porte à mon honneur de ſi ſenſibles coups.

ULYSSE.

Que vous ſert d'éprouver une honte ſterile ?

ACHILLE.

He bien, ſortez d'erreur, & connoiſſez Achille.
Partons.

DEIDAMIE.

C'en eſt donc fait, & vous m'abandonnez ;

ACHILLE.

Je vais traîner ailleurs mes jours infortunés.
Je parts. Ainſi le veut une gloire ennemie.
Mais aimons-nous toûjours. Adieu Deidamie.
(*Il la quitte & s'arrête.*)

DEIDAMIE.

O crime ! O monſtre affreux, que du ſéjour des morts
Mégere pour me perdre envoya ſur ces bords,

G

Va , fui ; tu te pourras fouftraire à ma prefence ;
Mais ne crois pas des Dieux éviter la vengeance.
Si le Ciel , irrité des maux que tu me fais ,
Protege l'innocence & punit les forfaits :
Déja , triftes joüets des vents qui les agitent ,
Pour brifer ton Vaiffeau les flots fe précipitent ;
Déja pour t'engloutir leurs gouffres font ouverts ,
Déja la foudre brûle & gronde dans les airs . . . . .
Mais où va s'égarer ma douleur infenfée ?
Excufe la fureur d'une amante offenfée.
Et vous , loin de répondre à mon emportement
Daignez , grands Dieux , daignez épargner mon amant.
Si quelque chatiment peut expier fon crime ;
S'il doit être puni prenez moi pour victime.
Quel fruit à me venger me produiroient vos foins ?
Quand vous le puniriez , j'en mourrois pas moins…
Vous m'exaucez. Je fens que mes génoux flechiffent.
D'une fecrette horreur tous mes membres fremiffent.
Une invifible main vient terminer mon fort ;
Et mes yeux font couverts des ombres de la mort.

(*Elle s'évanouit dans les bras de Doris.*)

ACHILLE.

Ah , Madame !

ULYSSE.

Cedons. Mais fans perdre courage :
Par quelque autre moyen, achevons notre Ouvrage.

(*Il fort.*)

SCENE IV.

ACHILLE, DEIDAMIE, DORIS.

ACHILLE.

Elle expire ! . . . . Quel eſt l'état où je la voi !
O ciel ! . . . Ouvrez les yeux, Princeſſe écoutez-moi.
Achille eſt près de vous , Achille vous apelle.

DEIDAMIE.

C'eſt vous , helas !

ACHILLE.

Calmez votre douleur mortelle.
Reprenez vos eſprits ; étouffez vos ſoupirs.
Achille plein d'Amour ſe rend à vos deſirs.

DEIDAMIE.

Ah ! Barbare , veux-tu par un lâche menſonge
Inſulter aux douleurs où ta fuite me plonge ?
Ceſſe de feindre , traître , & ne balance plus.
C'eſt à moi de fixer tes vœux irreſolus.
Lorſque ta cruauté , dont la longueur me laſſe ,
D'un ſeul jour de délai me refuſe. la grace ;
                          [jour ,
Quand tu crois que c'eſt trop pour moi que d'un ſeul
La gloire dans ton cœur l'emporte ſur l'amour.
Suis-la ; n'affecte plus de combattre ſes charmes.
Cours lui ſacrifier ma tendreſſe & mes larmes ;
Et pour mieux accomplir ton horrible deſſein ,

G ij

Prend ce fer ; que ton bras le plonge dans mon sein,
Merite les faveurs & le choix de la Grece ,
En y rentrant couvert du sang de ta Maîtresse.
Dégage ton amour, en éteignant le mien.
Frape , perce ce cœur qu'a dédaigné le tien.
Heureux , de pouvoir à tes vœux affervie ,
Te prouver ma tendreffe , en te donnant ma vie ,
Et de finir des jours , que je gardois pour toi ,
Par les coups d'une main qui ne peut être à moi.

ACHILLE.

Vous mourir ! Ah ! S'il faut nous perdre l'un & l'autre ,
Par ma perte du moins je préviendrai la vôtre.
Oui , puisque vous voulez qu'un amour fuborneur
Dégrade un rang augufte où doit regner l'honneur ,
Et terniffe l'éclat de ces vertus fi cheres ,
Qu'en nous avec leur fang répandirent nos Peres ,
J'obéis ; à vos loix Achille fe foumet.
Je renonce aux honneurs , que le Ciel me promet,
Mais auffi pour laver une tache fi noire ,
Et fauver, s'il fe peut , le débris de ma gloire ,
Ulyffe , en me quittant , recevra pour adieux
Tout mon fang que ma main va verfer à vos yeux ;
Et je fatisferai , dans l'ardeur qui me preffe ,
Ma gloire , mon amour , & les Dieux , & la Grece.

SCENE V. & derniere.

LYCOMEDE, ACHILLE, ULYSSE, DEIDAMIE, NEARQUE, DORIS.

LYCOMEDE.

AH, que viens-je d'entendre ! Achille dans ces lieux
Sous le nom d'Eucharis se cachoit à mes yeux !

ULYSSE.

Oui, voilà ce Guerrier, que les Mortels attendent,
Et qu'Ulysse, les Grecs, & les Dieux vous demandent.
La Victoire avec nous doit marcher sur ses pas,
Et la chute de Troie est promise à son bras.
Tremblante pour ses jours, Thétis loin de l'orage,
Avoit dans votre cour enchaîné son courage,
Sure que les attraits d'une illustre beauté,
Ajouteroient encore à sa captivité.
Achille aime en effet. Hé quelle ame endurcie
Auroit pu resister près de Deidamie,
Aux droits qu'a sur le cœur d'un Mortel enchanté
La vertu la plus pure unie à la beauté.

LYCOMEDE.

O ciel !.... (à *Deidamie.*) L'aimeriez-vous ?

DEIDAMIE.

Par ces pieds que j'embrasse,

Mon pere, pardonnez.

LYCOMEDE.

Levez-vous. Quelle audace !
Ils s'aiment ! . . . . Par ce coup mon esprit abatu . . . .
Qui peut justifier de tels feux ?

ACHILLE.

Sa vertu.
Elle seule a fait naître une ardeur aussi pure,
C'est l'apui de la foi qu'aujourd'hui je lui jure ;
Et ce tendre interêt est si cher à mes yeux,
Qu'en sa faveur je vais désobéir aux Dieux.
[l'offense
(à Ulysse.) Je ne pars point, Seigneur, si le Roi qui
N'approuve notre amour, dont je prends la deffense,
Et par notre Himénée assurant mon bonheur,
Ne répare l'affront qu'il fait à son honneur.

ULYSSE.

Il faut lui pardonner un couroux légitime,
Seigneur. Il perdroit tout s'il perdoit votre estime.
Il la mérite, & veut la mériter toujours,
S'ils ont à vos regards dérobé leurs amours,
La sureté d'Achille exigeoit ce mistere,
Thétis, qui le cachoit, l'obligeoit à se taire.
J'ai sçu le découvrir, & les Grecs incertains
Ont commis à ma foi les ordres des destins.
Ne l'arrêtez donc plus. Que tout obstacle cesse,

Et qu'il parte, assuré du cœur de la Princesse,
Pour revenir bientôt sous ses aimables loix
Recüeillir dans ses bras le prix de ses exploits.

LYCOMEDE.

Je ne prétends point rompre un départ nécessaire;
Mais j'offensois Achille, & dois le satisfaire.
Qu'il obéisse aux Dieux. Qu'au milieu des combats
Il courre soutenir l'honneur de nos états;
Et puisqu'il doit unir son sang à ma famille,
Qu'il parte de ces lieux digne époux de ma fille.
Qu'après le cours brillant de ses travaux guerriers;
Il revienne en ma cour déposer ses lauriers.
Qu'Achille se partage, & qu'il soit de la terre
L'amour pendant la paix, l'effroi pendant la guerre.

ACHILLE.

Vous me comblez de joïe & d'honneur à la fois.

DEIDAMIE.

Quel bonheur de vous voir justifier mon choix!

ULYSSE.

Mes vœux sont satisfaits. A ce noble Himénée.
De la Grece à jamais la gloire est enchaînée.

LYCOMEDE.

Venez, Prince, venez aux pieds de nos Autels
Rendre les Dieux témoins de ces nœuds immortels.

Fin du Troisiéme & dernier Acte.

www.ingramcontent.com/pod-product-compliance
Lightning Source LLC
LaVergne TN
LVHW022018080426

835513LV00009B/772